난 태양을 보리라

난 태양을 보리라

권 태 진

도서출판 성빛

서 문

매년 찾아오는 봄
생명이 개성을 찾고 마음은 노래를 창조한다
얼어붙은 마음 해빙되고
경직된 얼굴, 따사로운 빛 손 어루만지면
간지러움 이기지 못해
하얀 이 드러내며 살며시 미소짓는다

설산(雪山)의 돌개천 노래하고
봄 지나 여름 저만치 오는 것이 느껴진다
터밭의 감나무 앙상한 가지
잎 피우고 빨간 열매 달고 단풍잎 뿌려 가을 하직하고
겨울을 준비함 일렁인다
여름도 아닌데 벌써 내 마음은 한 해가 지났구나

아, 님이 주신 선물을 가슴에 안으니
현실에 충실하나 마음은 미래에 사는구나
눈물의 골짜기 지나면서도 낙원의 누림 믿으며
불편함과 불만족의 세속도 두려움이 없구나
주님의 사랑의 빚을 조용히 갚으며
가슴으로 빚어낸 시집 한 권을
사랑하는 아내와 성도들과 나누고자 하나
변변치 못한 것으로 느껴져 부끄러움이 앞을 가린다.

이 시집이 나오기까지 산고의 수고를 한 출판부와
권연순, 백영미실장에게 감사하며 주님의 은총이 있기를 빌어본다.

저자   권 대 선

난 태양을 보리라

서문

1

1

알았습니다

난
아주 귀한 것을 알았습니다

귀하고 아름다운 것은
보이는 것이 아니라
보이지 않는 생명의 가치임을
알았습니다

보이는 값은 적으나
보이지 않는 생명이 들어 있으니
천하보다 귀한 가치임을
알았습니다

난
보이지 않는 영혼을 위해
보여지는 모든 것 투자하고파

님의 능력에
의지함이 지혜자의 삶임을
알았습니다.

자연의 신비
-알래스카에서

비가 와야
개울물이 흐르는 줄
알았습니다

낮이 지나면
밤이 오는 것으로만
알았습니다

푸른 대지에는
항상
곡식이 자라는 것으로만
알았습니다

그러나
이젠
달라졌습니다

태양이 뜨거운 날
알래스카에는
개울물이 흐르는 것을
보았습니다

낮이 지나도
밤이 오지 않을 수도 있음을
알았습니다

밤과 낮은 길이가
비슷하지 않다는 것도
체험했습니다

밤 자정까지
태양이 머무는 동리가
있음을 보았습니다

예전에 보지 못한
자연의 신비를
알래스카에 와서
알았습니다

님이 만든 자연의 신비,
님의 섭리를 깨닫는 것이
행복의 근원임을
알았습니다.

슬픈 사랑

슬픔의 뿌리는
사랑

사랑하는 이의 고통이 슬픔이요
사랑하는 이의 떠나는 뒷모습이 슬픔이라지만

나의 슬픔은
종된 나,
사랑하는 주인의 뜻대로 살지 못하는 슬픔

님의 큰 사랑에
대답하지 못하는
감당못할 이 큰 슬픔.

포기할 수 없습니다

전능하신 창조주가
자신의 형상인 나를
만드셨습니다

세상의 어느것 보다도 귀하고
아름다운 존재로 나를
만드셨습니다

물질이나 환경 때문에
포기할 수 없습니다
결혼이나 혈육의 잘못이 있어도
포기할 수 없습니다

그 어느것 보다
영혼의 중요함을 알고 있습니다
어떤 환경과 핍박에도
영원한 천국을 향한 길에서 돌아설 수가 없습니다

낙원의 면류관 향해
좁은 문 통해 달려가는 길을
포기하지 않을 것입니다

창조주의 자녀된
권세를 가지고
열심히
살 수밖에 없습니다.

님을 바라봅니다

밤마다
계절의 봄이 오는 소리를 듣습니다
새벽마다
영혼의 봄이 오는 것을 체험합니다

노크도 없이 찾아 와
꾸중하는 욥의 친구들을 만납니다
아픈 부분, 실패를 꼬집어
하나님 앞에 죄의 결과라고 말합니다

난 부정도 긍정도 못합니다

다만 내 생명의 주인께
조용히 속 맘 열어 고하며
마음과 입으로 범죄 하지 않으려고
님을 바라봅니다

욥의 손을 들어주는 그 날
님의 연단의 풀무에서 나오는 날
기쁨과 영광을 기대하며
님을 바라 봅니다.

물어볼래요

하나님이 나의 고통
돌아보실까?

하나님이 나의 기도
들으실까?

하나님이 나에게 복을
주실까?

쓸데없고 어리석은 의문
고뇌의 파도 속에서 벗어나
나 위해 십자가 지신 님의
아픔 기억할래요

님의 약속 안에서
그 나라와 의 위해 간구하는 나에게
님이 원하는 천상의 복이
무엇인지 아느냐고 물어볼래요.

당신 한 분이면

바람이 세차
피할 곳 없을까 두리번거리다
아름답게 보이고
제법 힘있어 보여
힐끔힐끔 바라보노라니
바람에 날리는 겨 같습니다

이젠
곁눈질 하지 않으렵니다

나의 지식,
성경의 진리만으로

나의 인도자,
성령님 한 분만으로

나의 기도의 대상,
하나님 한 분만으로

믿음의 대상도 주님 한 분만으로
만족합니다

쓸쓸한 밤거리의 고난,
시련의 늪에서도
오직
님의 가슴에 안겨
평안의 잠 이루며
행복한 맘 모닥불 지피우고

사랑 노래로
당신 한 분만을
찬양합니다.

난 태양을 보리라

도심에 흐르는 폐수
작은 개울 사망의 냄새
욕심이 잉태한 죄
불신과 미움의 씨
대지를 덮으니
불안과 탄식, 한숨의 노래

아!
난
저 태양을 보리라
저 푸른 산림을 보리라
봄의 태양을 보며
꽃들의 합창을 듣고
새싹의 기지개 켜는 것을 보리라

가난의 터널 건너
아름다운 복지의 꿈을 꾸리라
서글픈 실패자의 옷을 벗고
의인의 당당한 모습으로 살리라

싸늘한 시체 되어

무덤에 장사 되는 육체 대신
예수 그리스도 안에서
새생명 입고
천사의 손에 붙잡혀 오르는 영혼을 보며
소망의 노래 하리라

난,
저 태양을 보며
영생을 소망하며
힘차세 살리라.

승리

내 마음은 전쟁터
총칼 없는 피흘림의 장소
이기려면 매일 지고

신령한 전쟁은
나 아닌
성령님이 하시니
마음 비우고 모든 것
맡기네요

이젠
주님의 뜻대로 하세요

종은
말씀에 "예"만 하도록
은혜 입혀 주세요

님의 뜻대로
연단 받는 자세
범사 감사 노래
즐겁게 부르네요

주인이 위하는
종으로

모든 사람이
필요로 하는
사람으로

피 한 방울
뼛골의 진액까지
다 드리겠이요

님이여!
연약한 종
잡아 주소서.

님의 말씀은 나의 생의 등불입니다

내가 어디서 온 것을 알게 하시고
나의 존재를 보게 하셨습니다
가족간의 관심과 사랑의 표현
효도와 행복한 부부 생활을
가르치셨습니다

자녀 교육의 재료, 도덕의 기준,
정치 경제 사회의 흥망성쇠의 이유를
알게 하셨습니다

현실은 과거의 열매
현실의 결과는 힘찬 내일임을
알게 하셨습니다

가정을 다스리고 미래를 사는
참지혜가
님의 말씀에는 가득함을 보았습니다
거문고 소리 같고
송이꿀처럼 달콤한
나의 인생의 참 행복집,
천국으로 인도하는 등불입니다.

님만 바라보며

님만 바라보며
한 마음
한 길만 달려갈래요

세상을 보면
망설임과 번민 뿐
아무것도 할 수 없어…

종된 나
주인님만 보면서
님이 원하시는 대로

구원의 사역
제물로 사루어질래요.

헌신의 노력하리라

난
좋은 목회자가 되기를 원해
님의 말씀을 양식 삼고
기도로 호흡하고
경건된 삶을 위해 헌신의
노력 하리라

난
좋은 아버지와 남편이 되기 위해
님이 주신 가정을 소중히 여기며
고해(苦海) 속의 작은 배
평안을 위해 헌신의
노력하리라

난
성도들을 만날 때면
하나님이 보낸 소중한 영혼들을
나의 영혼처럼 양육하며
님 앞에서 칭찬 받는
좋은 신부 만들기 위해
님의 교훈대로

나의 작은 생명 드리기를
소원하며 노력하리라

누가 알아주지 않아도
묵묵히 님의 종으로
일꾼을 양육하고
성도들을 자녀처럼 사랑하고
석양의 노을진 곳 넘어
님이 예비한 천국 향해 조용히 가리라.

당신은

당신은
나의 작은 연못이
바다인양 닻을 내렸습니다

당신은
나의 작은 못을 맴돌며
기쁨과 슬픔을 같이 했습니다

당신은
내가 고통 속에 헤매일 때조차도
떠나지 않았습니다

당신은
보잘 것 없는 웅덩이를
큰 바다처럼 깊고 넓게 만들어 주었습니다

나
당신이 있는 곳이라면
육체가 흙으로 녹아내려도
죽어가며 살아가며
영원을 노래하겠습니다.

당신·1

내가 약해져도
당신은 강했습니다

내가 흔들릴 때도
당신은 든든히 잡아주었습니다

내가 잘 때도
당신은 졸지도 주무시지도 않고
나의 사랑을 지켜주었습니다

생각이 짧아
실수를 할 때도
항상 큰 사랑으로 용서해 주었습니다

당신을 생각할 때마다
감사의 눈물을 흘립니다

내가 부족하여도
목양에 차질이 와도
기도한 대로 복지하는 교회가 되고
성장하는 교회가 될 것을 믿어지게 했습니다

풀잎처럼 약한 나를
당신은 아시고
좌절에 빠질 때마다 굳게 잡아주셨습니다

"내가 네게 명한 것이 아니냐
마음을 강하게 하고 담대히 하라
두려워 말며 놀라지 말라
네가 어디로 가든지 네 하나님 여호와가
너와 함께 하느니라 하시니라"(수 1:9)

당신은 나의 생명과 능력입니다
죽고 살며 오직
충성된 종으로서만 살겠습니다.

둥지 틀래요

하나님이 나
사랑하시나
묻고 싶으나

나 하나님
사랑 받을 자리
머물고 있는지
물어보고

거룩한 자리로
옮겨
둥지를 틀래요.

님이여 감사합니다

가난과 외로움의 어린 시절
배고픔과 서러움,
불행인 줄 알았는데
더불어 사는 아름다움을 알게 하신
은혜였습니다

질병으로
서러움의 눈물 흘리게 하심은
영생의 소망과
감사하는 지혜를 알게 하신
사랑이었습니다

월남전
포성을 들어가며 전쟁하게 하심은
자유와 평화를 위해 기도하게 하는
사명을 깨닫게 하는 가르침이었습니다

순간 순간
좌절과 한계 느끼게 하심은
고통 중에 양육한 성도
더욱 사랑스럽고

성령의 인도를 더욱
감사하게 하심입니다

오 님이여,
감사하지 않을 수 없어
눈물로 감사드립니다

님의 사랑 깨닫게 하심
감사합니다.

감사의 노래

모래알처럼 많은 사람 중에
부족한 죄인을 종으로 부르십니까?
수 없이 많은 그릇 중에
주인님 식탁에 그릇으로 사용하십니까?

오, 내가 님을 택한 것이 아니요
님이 택하셨으니
감사의 노래만
평생 나의 호흡이 됩니다

이땅에서 님 안에 낙 주심도 감사한데
영원한 낙원에 면류관도 약속하십니까?
오, 은혜 감사 감사가
평생 나의 호흡이 됩니다

죄인 중에 괴수가, 능력 주시는 자 안에서
할 수 있다는 말씀 믿고, 두렵고 떨리는 맘 담은 몸
님의 십자가 지고 묵묵히 따라만 가렵니다

오, 님이여
불쌍히만 여기소서!

사랑의 빚진 자

십자가의 사랑 앞에
고개를 들 수가 없나이다
사랑과 감사를 알지 못하는
이들을 보면서
자아(自我)를 본 듯
부끄럽습니다

아!
난 사랑의 빚진 자

당연한 사랑 실천만이
종의 의무인 걸 알고
죽도록 충성만 하겠나이다.

오월을 맞으며

아름다운 봄의 너울
바람결에 흔들릴 때면
살며시 속살을 보이는 유혹의 오월

등에는 봄을 지고
품에는 한아름 여름을 안고
남모르게 가을을 잉태하는
곱디 고운 푸른 여왕 오월

세월의 바람 따라
나의 푸르른 오월은 다 날아가 버렸지만

요단강 너머 보여지는 생명수
유리바다 진주문
화려한 새예루살렘에서
흰 머리카락은 올올이 면류관이 될 터이니

쏜살처럼 빠른 세월도
님의 품 안에서는 그저 평안한 안식,
신령한 사랑노래로
행복의 노 저어 간다.

난 부족합니다

나는 죄인이요 병약한 자니이다
모자라고 모자라
힘 없이 넘어지고
원죄 씨 살며시 싹 틔우려
안일의 밭으로 조용히 내려앉는다

밤낮없이 지켜주는 님의 성령
겉사람은 후폐케하고
속사람 날마다 살리니
고통 중에 큰 위로라

님
나 위한 십자가 대속의 죄 없었다면
어찌 소망 있으리요
님 친히 능하신 손으로
어린양을 돌아보지 않으시면
어찌 부족한 종 목회 하리요

나 님 전적으로 의지함만이
소망임을 알아
님 만 바라보나이다

나는 빚진 자

주인이 보냈으니
나는 순종할 뿐

아무도 반겨 주지 않아도
보내신 이의 종이니
오직 가야 한다

보상이 없어도
님이 주셨으니 기대할 것 없고
의사가 병실 들어설 때 목적이 분명하듯
님의 양떼를 대할 때
치료와 사랑할 각오로
묵묵히 가야 함은
빚진 자이기 때문이다.

자꾸만 밀려납니다

발자국을 남기며
해변을 걷습니다

푸른 물은 하얀 띠를 이고
모래사장으로 오르다 지쳐
물러나고 또 다가옵니다

파도에 쓸려 모래사장으로
밀려나는 작은 조개 껍질처럼
난 자꾸만 밀려나고 있습니다

이마에 잔주름이 늘어가고
심장의 떨림은 어느새
젊음의 터널을 벗어나고 있습니다

그러나 난
저
푸른 바다 산호초 속에서
젊음을 자랑하는
조개보다
행복합니다

감찰하시고 책임지시는 하나님이
나의 보호자 되시기 때문입니다
보이는 세계,
느껴지는 것만 보면
왈칵 울고 싶으나

보이지 않는
저 님의 세계를 보면서
살며시 웃음을 물고
감사하는 맘 키워 봅니다.

나의 가는 길

가을바람
나뭇가지 사이로 배어들면
난 한 잎의 낙엽 되어
아스팔트 위로 조용히
내려앉는다

밤이슬이 촉촉히
온 몸에 배어들 때면
새벽녘 솔바람도 외면하고

태양의 사랑에 가슴 뜨거워지면
부시시 일어나
바람 나래 달고
소리내며 달려간다

후미진 곳
소박히 모여
속삭이다가도
갈 길을
재촉하는 바람에
떠밀려 간다

낙엽의 모습
나의 모습
낙엽의 가는 길
나의 가는 길

나의 육체
낙엽처럼
조용히
형체없이
역사의 뒤안으로 사라지나
님의 은혜 입은 영혼
천국으로 이주하리니

영원한 행복의 품에
포근히 안기리라.

님의 품 안에서 · 1

낙엽 지는 소리를 들으면
왠지 슬퍼집니다

마음에 자리잡은
추위와 가난의 경험은
강산이 변해도 좀처럼 가시지 않습니다

추위와 가난의 싸움에서
이길 수 있었던 것은
나의 힘이 아님을 알고
서럽도록 감사해
한 줄기 눈물이
얼굴을 간지릅니다

슬픈 노래를 들으면
고해 바다에 일어나는 파도
검푸른 물결 속으로
빠져들어갈까
두려움을 느낍니다

나는 길 잃은 갈매기처럼

무인도 바위 틈에
조용히 둥지를 틉니다

나의 님이 전지의 능력으로
파도를 잠재우고
금빛 노을로 자리 깔아
큰 소망을 주셨습니다

이젠
님의 품안에서
행복을 노래하겠습니다.

님의 품안에서 · 2

모양도 빛깔도 없는
마음 그릇에
가지런히 담겨진 사랑
신비의 능력 앞에 새롭고

영혼의 흐림 속에 기울어진
자아의 서글픈 날개는
비에 젖었구나

형체도 없이 무너지고
모양 없이 바스러져
그것도 모자라
저 산 들리워
덮여지기를 애원하나
숨을 수 없어
십자가 붉은 피 흐르는 곳
조용히 엎드리니

안전한 포구 나의 요새
님의 품안에 영원을 노래하며
감사의 제물로 피어올라라.

어떤 환경도 좋아요

누가 나를 미워하면
난 나를 더욱 사랑할래요

누가 나를 필요 없다 하면
난 나를 귀히 여길래요

누가 나를 사랑하면
난 님을 더욱 사랑할래요

누가 나를 동리에서 밀어내면
난 거룩한 님의 품에서
참 행복을 누리며 살래요

누가 나를 '왕따' 시키면
천사의 노래 들으며
더 좋은 세계를 위해 준비할래요

어떤 환경도 좋아요
모두 행복의 씨가 되도록
옥토에 심어
아름다운 나무 키워 볼래요

환난이 와도
대적이 와도
가난이 와도
좌절이 와도
감사하며 감사하며
님이 주신 꿈 키워갈래요

성령의 인도로 가는
생명의 길,
행복의 나라,
사랑 실천의 정원
한 송이의 백합화로 곱게 피어나는
아름답고 귀한 길
달려갈래요.

촛 불

어둠이 더할 수록
네가 필요하나
밤이 깊어갈 수록
너 보기 안타깝다

훤출하고 긴 몸이
눈물을 흘리며
어둠을 밝힌다

반이상 희생했으니
촛불의 빛 받은 이들
마음에 무엇이 심겼는고

오호라!
칠흑세상

촛불처럼 살다가
거룩한 님의 가슴에
온 몸을 맡기며
작은 촛불 되련다.

에라 놓아버리자

손이
자꾸만 오그라들고 있다

어둠이 아닌 것이
어둠처럼
가슴에 밀려오니
가시면류관을 눌러쓰고
눈은 침침해

에라 놓아버리자
닻을 올리자
순풍에 떠밀려
고요한 아침의 바다로
빈 손 들고 훌쩍 뜨자

가는 길 지척인데 무엇을 가져가나
공로는 무엇이며 정통은 무엇인가
이생의 자랑은 유혹,

비어 버리고
종처럼 살련다.

인생의 주인

흐르는 물처럼
흘러가는 인생
영원한 오늘은 없으니
분초가 소중하구나

행복과 불행의 씨
님의 보호와 긍휼로 좌우되니
한 줄기의 들풀처럼
나약하기만 하구나

님 안에 있는 인생
영생이 보장되지만
세속의 바람으로
님 안에 있음 쉽지 않아

님 안에 있음 자체도
님의 마음에 의해 좌우되니
오!
나의 생사(生死)는 뜻대로 하옵소서.

새로 찾은 처음 사랑

살 소망 끊어진
나를
부르신 님
큰 사랑에 감격해
밤새워
감사의 눈물을 흘렸는데

그 큰 사랑
세월의 물결 위에 떠내려 보내고

피곤한 육체,
냉랭한 가슴
힘들고 고통스런 주의 일
형식적인 예배
잠잠한 영혼

슬픔이 짓누르는 밤
에덴 기도원
밤나무 숲에 무릎 꿇고
회개하니
님의 성령 임했다

처음 사랑의 추억
천국을 견학했을 때,
한얼산 잣나무 숲에서 여름비 맞으며
기도하던 일,
금식하며 흰돌산 뒷산을 오르던 그때,
한 성도 등록하면 업어주고 싶고
작은 일 만나도 밤새워 도고를 올렸던 때,

처음 사랑을 찾았다

이 육체 무너질 때까지
이 사랑 가지게 해 주세요

조용히 기도 손
모으고 잠을 청한다.

목회 일기 · 1

채소밭 백합꽃밭 어우러지고
초가집 스레트집
서로 등 기대어 선 동네

동리 사람 버린 쓰레기 나뒹굴고
며칠전 죽은 고양이 시체
연탄재 위에
아무렇게나 던져져 있던 곳에
땀 흘려 일구어 평지 만들고
바람에 흔들리는 천막 세우고
휜칠한 아카시아 나무에
제일 교회 이름 붙이니
10월의 낙엽들
지붕 위로 내려 앉는다

바닥은 가마니,
강단은 책상
의자도 철의자
메마른 의자에 목사님들 앉으시니
의자 다리 땅으로 들어가고
아내의 올갠반주 위로가 된다

원근에서 모인 동역자
텐트교회 가득
창립예배 성대히 드려질 때
힘나고 감격했는데

예배 끝나고
모두 돌아간 썰렁한 텐트안
늦가을의 추위와 함께
10일 작정 철야 기도를 시작했다
처음에 3일 동안 촛불 밝히고
옆집의 전기요금 전부 물기로 하고 전기줄을 빌렸다
53kg의 작은 체구,
머리를 무릎 사이 넣고 구부려 보아도
허기진 뱃속을 걷잡을 수 없이 파고들던 추위,
결혼 때 장모님 사 주신 아이 담요로
온 몸을 감싸도 뼈마디가 움추려드는 추위는
어쩔 수 없었다
뜨거운 기도보다
인내와 탄식이 뒤범벅이지만
영혼 깊은 곳에 참안식과 평안이 샘솟았다

늦가을비 땅을 적시고
아카시아잎 하나 둘 떨어지니
밤이 무서워졌다

서원한 것 갚기는 해야 하고 몸은 한계에
도달하여 피할 길을 찾으려
염치 불구하고 오천원 돈 빌렸다
을지로 가
전기방석 구해다 텐트 안에 꽂아 놓고
집에서 저녁식사 마치고 나오니
그 사이 누가 전기방석
가져가 버렸다
밤새도록 기도하다가 문득 깨달으니
하나님 주시는 연단
내 좋은대로 피하지 말고 견디면
좋은 날 오리라 믿어졌다

개척하면서 고난 각오하고
주님만 의지해야하는데
사람 찾아 돈 찾아 피해보려는
어리석음 깨닫고

원망 대신 감사 기도

웬일인가,
오늘 따라 저 길 건너편 벧엘약국
다른 교회 권찰 새벽기도 나왔다

어제는 나 혼자 찬송, 기도, 설교하는데
내자가 혼자 설교하는 모습 보고
배꼽을 잡고 웃었다는데

방석을 누가 가져가
하나님만 의지했더니
그때부터
쌀도 생기고 기름도 생겨서
일용할 양식이 보장되었다

하나님의 일을 위해
기꺼이 드려진 몸
사람과 환경따라
이리저리 흔들리지 않기를

이래저래 한 평생
죽기를 결심하니
해 아래 겁나는 것 없고
오직 생명 운동 위해
담대히 죽으리라

위로도, 부도, 건강도
죽기를 각오한 이상 기대 없어
그 일 위해 열심히 죽어가리.

새예배당에서

새옷을 입은 아이
새신을 신은 아이
좋아서 머리가 하늘 만치 닿도록
껑충 뛰고 싶음 같이

새예배당을 주신 님
건축을 위해 옥합을 깬 이들
앞으로 함께 십자가 질
사랑의 사람들

구원받은 택한 백성
하늘에 닿도록 찬송하고
응답이 눈에 보이도록 기도하며
예배당 가득히 생명의 풍성함
열매 맺고 싶구나

이제 또 시작하리라
처음 사랑과 행위를 가지리라
그 동안 녹과 먼지 지워 버리고
새롭게 새마음으로 새사람들을 만날
큰 기대와 가슴을 채우며

남은 생애 촛불처럼 녹아
빛된 사역 위에
그리스도의 고난을 온 몸에
채우련다.

고난 주간에

천지를 창조하신 전능하신 아버지
하나밖에 없는 아들을
이 세상에 보내신 목적이 어디에 계신가요

온 세상의 주인 되신 아버지
그의 아들 십자가 형벌 받게 하심은
무엇을 이루시려 하심인가요

사랑이 충만한 아버지
아들의 울부짖음
"엘리 엘리 라마 사박다니"
"나의 하나님, 나의 하나님
어찌하여
나를 버리시나이까"(마27:46)
이 애타는 절규를 듣고
침묵하신 이유가
어디에 있으신가요

새하늘 아래서 누림을 준비하신 아버지
님의 나라에 죄인들 오게 하시려
독생자의 피 뿌려 오솔길 만드심 감사해

십자가 밑에서 감사의 눈물 흘려요

죄인을 살리려 독생자 주신 아버지
그 뜻 앞에 무릎 조아리며
날로 후패해가는 몸에
교회를 위해 고난을 채우고
진리로 자유 얻은 영혼의 누림 위해
일사의 각오로 살아가렵니다.

꿈에 부풀어

한 장의 카렌다가 다 하는 날
새천년의 태양이 떠오른다
두천년을 살고 있노라니
세월 부끄러움 느낄까봐
삶의 언저리에
피어난 싹들을 보살핀다

생각 없이 던진 조약돌에
약한 싹 상처 받고
세속의 비바람에 흔들리나
님 사랑의 요새, 가슴에 고이 품으니
고난과 시련은
천국 향하는 순풍 되는구나

빠른 세월따라
하얗게 바래는 머리카락 풀어헤치고
허공의 맑은 하늘 훌훌 날아가는
할미꽃 뒤 따라 따라
키 큰 나무 타 넘어갈 꿈에 부풀어
물레방아 가슴 달래며
새천년을 준비하노라

새 천년에 · 1

복 있는 당신
두천년을 사셨네요
님의 초림으로 시작된 날들
재림으로 막내리겠지요

창조, 부흥, 영육의 복
현실로 체험 하는 해

당신을 역사의 주인공으로
모시게 되니
더욱 더욱 영광이네요

언제보아도 보배 보배
행복의 메아리로
님이 나리우신 선물이군요

사랑을 많이 많이 저축하며
참행복의 정원으로
님따라,
함께 갈래요.

새 천년에·2

펼쳐진 새해
좋은 목회자 소원하며

님의 말씀 양식 삼고
기도로 호흡하며
경건의 삶으로
한 해를 보내리라

님이 주신
가족들을 소중히 여기며

신령한 자녀
소중한 영혼들,
나의 영혼처럼 사랑하고
잠시의 고난도 즐거워하며

찾아오시는 님을
매일 매일 영접하리라

선행이 칠흑에 삼키워도
님 앞에 양심의 자유 누리며

귀한 생명들
영원한 영혼의 노래 들으며

님 앞에 사랑받는
신부 단장을 위해
남은 날들을 불태워 보리라

작은 몸 녹여
한 줌의 흙으로,
영혼은 예비한 천국을 향해
감사하며 가리라.

주인님

주인님 계셨네요
나는 어두워 주인님 안계신줄 알았어요

주제넘게 주인님 행세하고
책임도 지려 했어요

아무것도 할 수 없으면서
할 수 있는 것처럼
이 생각 저 생각하다가
밤잠을 설쳤어요

이제 알았어요
이 종놈은 주인님께
순종만 할 뿐인 것을…

주인님, 저 아시니
가정도 목장도
모두 주인님 뜻대로 하세요
나의 모든 것은
주인님 소유이니까요.

소원

토기장이 손에 들려진
진흙으로만

풀 피리 부는 목동의
부드러운 풀잎으로만

자아가 무너지고
님의 품안에서 생명으로 자라나는
새싹으로만

조물주의 권능을 온전히
의지하는 창조적인 자세의 종으로만

부족이 충족되고 사망이 생명되며
연약이 강건되는 큰 사람됨을
만인이 알도록만….

난 태양을 보리라

2

희망의 새해

피어오르는 안개가
말끔히
걷혔습니다

칠흑 어둠을 밀어내며
동녘의 태양이
힘차게 떠오릅니다

고통과 좌절, 질병을
나의 곁에서 몰아갔습니다
분노와 서운함도
다 없어졌습니다

새 해 새 날에
피어나는 소망따라
행복의 열매 맺힙니다

님이 나리우신
새날에는
감사와 찬양, 진리 순종으로
건강 형통이 임할 것입니다

영원한 님의 품 안에서
성공의 한 해가 될 것입니다

봄에

따스한 빛
보슬비 되어
산천에 내린다

씨 품은 흙 가슴
파란 새싹으로 보내는 사랑의 대답

푸른 옷 봄처녀
형형색색의 치맛자락 휘어 감고
개나리 진달래 리본 달고
목련꽃 담장을 넘는다

행복한 그날
믿음의 눈 살며시 여니
겨자씨 믿음 큰 나무되고

빈 가슴에 가득한 만족
행복의 샘 되누나.

사랑

사랑이 무엇이기에
서로서로 사랑하라 하나요

혼자 하면 짝사랑,
긴긴 밤 홀로 외로워할까 봐
서로서로 사랑하라 하나요

사랑하면
아름다운 환한 얼굴
가슴에는 행복의 불이 반짝

마음에 설레설레 일어나는
둥근 여울에
조용한 모습으로
앉아 있어요

사랑해요
그 아름다운 것.

길

아름다운 마음은
복음으로 만들어지고

행복한 삶은
사랑의 실천으로

영생복락은
님의 보혈로 만드신
십자가의 길을 통하고

사랑노래,
감사 찬송으로
거룩해지누나.

산중에서 보는 태양

태양이 일어나니
산악이 일어선다

잠자던 산악이
태양과 함께
기지개 켜고 일어난다

내가 일어나니
태양이 웃는다

태양이 있음은
내가 있음을 의미하고
내가 없으면
태양도 없는 것이다

모든 아름다움은
나의 존재로 부터 출발
이 진기하고 신묘막측함도
님의 섭리임을 깨닫는 날,

태양은 더욱 아름답다.

가을

가을 바람에 일렁이는
포플러잎 사이로
하늘이 보인다

구름은 저 하늘만큼 높고
환한 얼굴 태양 빛에
과수원의 능금
가마 탄 새색시 볼연지처럼
빨간 빛으로 웃음 짓는다

그토록 좋은 옷 벗어든 채로
잘 익은 열매 자랐으니
자랑이 가득

열매 있는 나무의 가을은
자랑과 보람의 계절이어라.

영혼의 노래

허물어지는 육체
거룩해지는 영혼의 노래
질그릇 속 진주로
아름답고 고와라

영롱한 아침 태양빛
어둠과 안개 쫓고
대지를 덥히는 구나

서산 넘어 잠들고파
붉은 노을 띄우듯
태어난 육체
떠오르는 태양
날이면 날마다 가는 길 가고
신비의 영혼의 노래 가락은
영원을 노래하는 구나.

내 사랑 · 1

희미한 등불 밑에 가지런히 놓인 침대
힘없이 엎드려 잠든 내 사랑
밤새 기침으로 가슴 통증을 호소하더니
새벽녘에서야 고단한 잠이 들었나 보다

누군가 조용한 새벽에 내 사랑을 위해
건강과 잠의 주인님께 내 사랑의 형편을
기도해 주었나 보다

형체도 없는 사랑과 정이
내 사랑을 향해 달려가고

지금 내 사랑의 밤은 피곤하나
내일에는 아름답고 건강하리라
하얀 배꽃처럼 더없이 맑은 얼굴로
활짝 웃을 때면
꽃을 향한 나비의 날개짓을 재촉하리라

아름답고 고운 내 사랑은
박토에서도
화려하게 피어나리라.

내 사랑 · 2

귀한 자녀야
얼굴만 붕어빵 아니라
맘까지 닮았구나

못난 몸 물려줌 미안한데
모난 맘까지 물려주다니
서러워 잠 못이룬다

창 밖 태양 싱긋이 웃을 때
동심에 듣던 까치 노래소리
귓전에 울려 자아가 깨어난다

누구와 비교해 못났는가
아들아! 나도 잘난 것 있고,
너도 잘난 것 있다
용기를 내라
"너를 도우시는 하나님을 바라라"

아비는 님으로 인해 무한히 행복하구나
내 사랑, 아내
내 사랑, 자녀들….

반보(半步)

한 몸된 지 20년
내곁에 나란히 걷는 당신
심장이 나빠
반보로 걸으니
오르막길 천천히
나도 반보네

약해진 곳 잘 보살펴
한보로 걷게 해 주고 싶은 맘

당신의 반보는 나의 반보요
당신의 한보는 나의 한보요
동행의 운명은 한보, 반보도
같이 하니

한 몸으로 짝지어 준 것
거룩한 님의 섭리임을 알아
오직 당신을 사랑해요.

사랑으로 만들어진 강

사랑의 열매가 기쁨의 씨인 줄만 알았는데
사랑의 열매가 아픔의 씨 되었어요
사랑하는 자가
중병에 걸리고 말았네요

사랑의 가슴에서
흘러 넘치는 눈물의 강은
마르지 않네요

사랑이 더할 수록 너 깊이에서
흐느낌으로 솟아오르고
아름답게만 느껴졌던 그 큰 사랑이
오늘은 형벌과 아픔으로만 느껴지네요

차라리 만나지나 말 것을 생각하기도 하나
참 사랑 위해 십자가 형벌 길
보혈의 사랑으로 가려 합니다.

눈물의 강물이 아름답게 보이는
신령한 눈 열어 주소서.

당신 · 2

당신에게
남이 갖지 못한 향기가 있어

작은 것까지 신경 쓰며 챙겨 주며
연약한 것까지 보듬는 여자다운 면
밤하늘에 반짝이는 별빛처럼…

어두운 골방,
문 틈새로 파고드는 한 줄기의 빛같은
여자의 적당한 자존심

맘 상해 가슴 아파하며
핼쑥한 얼굴로 두통을 호소하는
섬세한 정서

당신의 깨끗한 맘에 담구어진 세월들
아름다운 추억 그리고 행복
당신과 나 하나 되어
공생과 공사의 운명속에
한 몸이 되었구나
행복은 환경의 소산이니
아! 님의 작품이여 마음의 소산이구나

성민아 울지마

철부지 성민이가
목사를 아버지로 착각하고
다리를 잡고
흔들어 대다
아버지가 아님을 알고
얼굴을 못 들고
친아버지 품에서
무안해서 울고 있다.

그 모습,
오래 전 나의 모습으로 보여져
마음이 울적했다
세 살때 아버지 돌아가시고
각성바지에서 엄마, 형과 살고 있을 때
땅따먹기하며 놀다
어디선가
태진이 아버지 오신다는 말
어디 어디하며 동리밖 샘터까지
뛰어가 맞으니
나의 아버지 아니고
김태진이 아버지였다

너무나 무안해 울면서 돌아와
목놓아 울면서
우리 아빠는 왜 돌아가셨느냐고 했던
그때를 오늘 성민이가 생각나게 했다

성민아! 울지마
너는 아버지가 있잖아
아!
육신의 부모가 이처럼 귀한데
창조주 하나님 아버지 없는 사람
얼마나 서러울까.

새봄이 오는 뜨락에서

춘삼월의 처녀
동장군 찾아와
진달래 빨간 가슴
살포시 드러낸다

따사한 봄빛에
아지랑이 화답하고
침묵하던 대지
생명으로 꿈틀거린다

잠자던 개구리 돌개천 뛰놀고
강남 갔던 제비
푸른 하늘로 돌아온다

하얗게 빛바랜 잔디
새싹을 움틔우고
앙상한 나뭇가지
파란 잎 토해 낸다

설레는 청춘
허기진 사랑을 찾아 나서고

신묘막측의 아름다운 조화를 만든 님
어디선가 나를 보고 계시고
보듬어 주심
고맙고 감사해
한 줄기의 눈물로 감사한다

님이여!
인생이 무엇이며
무엇을 하고 살아야 바른 것입니까?
낙엽된 잎은 다시 봄바람 타고
싹으로 나오는데
하나님
떠난 사람은 언제옵니까?

어머니

가신 지 3년이나 되었는데
계실 때보다 더 가까이 오셨어요
나이가 들면 들수록
자꾸만 보고 싶어요
조용한 서재에서 책을 볼 때
책 속에 보여지는 엄마의 모습
텅빈 방을 돌아보며
어릴 때 추억의 포로 되어
왈칵 눈물 쏟습니다

어머님 산소에 파란 풀잎이
덮였어도 제 마음에는
어머니를 그리워하는 맘이
돋아나고 있습니다

조금만 더 참으시지요
님이 주신 복으로 어머님 위해
흔들의자 하나는 놓아 드릴 수 있고
그토록 가시고 싶은 고향 땅에
모실 수 있는
한여름에도 시원한 바람 나오는 차

겨울에는 따뜻한 바람 나오는 차 샀는데

어머니 가신 후 좋은 환경 올 때면
엄마 생각에
가슴이 메어집니다

어머니!
이 몸이 이젠 50대가 되었어요
나이는 병이라니
멀지 않은 날
어머니 가신 천국, 갈 것입니다
어머니 보고 싶습니다.

탄생

조용한 새벽녘
텐트속
중얼거리는 영혼의 기도

태중의
잉태된 생명이 꿈틀
새벽안개 가르며
살며시 탄생한다

아!
예쁘고 귀한 사랑이
왈콱 쏟아진다

사랑하는 너여
이별없는 낙원까지
함께 가자구나.

당신을 사랑해요

사랑이 무엇인지
알았어요

당신이 나를 버려도,
당신이 나를 떠나도,
사랑의 메아리가 없어도
그냥
당신이 좋은 걸요

받는 것보다
주는 사랑의 행복이,
가슴에 기쁨의 샘
만들어 주셨어요

당신이
나의 검은 눈동자를
가득 메울 때면
조물주의 신비한 작품에
넋 잃어요

밤새 쫓기던 바람

후미진 곳,
소복이 모인 낙엽들과
소근소근 말 할 때면

참사랑이 아닌
받고싶은 욕심 꿈틀대며
검은 대륙 흐르는
슬픔의 노래

애닮다 소리치며
낙엽처럼 떠나는
당신의 행복을 빌고
또 빌고…

사랑의 아름다움이
온 몸을 핑크 색으로
휘어 감네요.

메밀꽃 피는 동심

뒷동산 후미진 곳
하얀 메밀꽃이 피었구나
부지런한 농부 꿀벌까지 키우니
빛바랜 흰 상자 분주히 드나들며
쉴 사이 없이 일하는구나

메밀밭은 생명 약동하고
벌통에 꿀이 쌓이는데

메밀밭 가 작은 무우 뽑아
입으로 껍질 까고 허기진 배 채우니
무의 매운 맛이 배고픔에 삼켜졌구나

나 어릴 때 가난과 배고픔
잊지 못할 추억,
보리 고개 없는 오늘 이 누림은
님이 내리신 고귀한 선물이구나.

믿는다면

님이 주신 말씀 사랑임을
믿는다면
구구절절 감사할텐데

님의 십자가 사랑
믿는다면
환경 따라 변하지 않을텐데

님의 약속
믿는다면
소망 중에 즐거워할텐데

심는 자에게 거두게 하시는 진리를
믿는다면
인색하지 않을텐데

현실 따라, 육성 따라
울고 웃고
구름처럼 흘러가며 변하는 삶
필경 믿음 없는 탓이겠지.

행복을 노래하소

밤송이처럼 무장한 당신
어쩌다 껍질 벗었는가
님의 사랑 가슴에 배어드니
알밤으로 변했구나

빨간 볼에 살며시 웃는 입가에
돋아나는 사랑의 싹
당신만이 가진 아름다움이구나

영혼이 생수로 마른 목 축이니
물댄 동산에 생명 꿈틀거린다

굴레굴레 구르다 흙으로 갈
당신
행복을 노래하소.

영생을 위해

울 수도 없고 웃을 수도 없고
세월을 약 삼아 인내만 해야 하니
나약한 육체
바람에 흔들린다

이 땅이 전부라면 불쌍한 너이지만
영원을 바라보니 너는 행복하구나

풀과 같은 육체,
가지런히 핀 꽃 위해
영혼을 버릴 수 없어
님 앞에서 피어나는 영생을 위해
십자가 지고 용서의 강물
조용히 걷는구나.

인생아

가는 세월
흐르는 물 따라
시드는 인생아

하늘 문 환하니
천성을 향하고

시들고 허문 육체
벗어날 준비
분초를 아끼려무나

허물고 새로워짐은
님만이 아는 비밀

밀어의 속삭임이
소망을 심는구나

아, 인생아
외롭지 않으련다.

기쁨

깊은 샘 생수
기쁨 밀려오니

찡그린 날씨도
평안하고 믿음직스러워

이는 필경
님이 나리우신
사랑의 역사

눈 살며시 감으면
보이는 저 아름다운 세상

구름 타고 오실 님
사랑의 편지 받고
죽순처럼 뾰족이 내미는
영혼의 만족 길

시온의 대로
달려왔나봐요.

말

꽃처럼
피어날 사랑
마음의 먹구름이 삼켰군요

사랑의 깊이 만큼
깊은 미움
독설을 토하니
가슴의 쓴뿌리
상처로
꿈틀거리지만

보혈로 임한
용서의 단비
사랑의 꽃망울
맺는구나.

행복의 씨

낙엽 되어
바람 나래 달고
공중을 맴돌면서도
슬퍼하지 않음은
푸른날의 추억을 기억하며
흙으로 돌아감을
기다리는 것이니

썩는 몸 떠나
영생의 낙원
님 계신 곳 기다리는
영혼의 소원 있어

그리움이
사랑과 행복의 씨
되었어요.

봄을 맞으며

춘삼월 그 날에
떠나간 이 기다리는 너여

진달래 곱게 피거든
살짝 웃으며
양볼에 보조개 수 놓고
부푸는 가슴 속에
좋은 꿈 가득 채우자

너여!
사랑한다
용기를 잃지 말라
너의 하나님이
외양간에서 나온 송아지 같이
뛰게 하리라

행복한 너여!

사랑의 여울

아름다운 당신
진리의 너울에 눈부신다

만나면 즐겁고
헤어지면 아쉬움
만남의 기대
사랑의 여울에다
종이배 띄운다

솔바람에 일어나는
사랑의 정
환한 얼굴에
빛 발한다

사랑하는 자여
가슴 열린
하얀 이 드러내며
님이 뿌린 낙엽 밟으며
영원을 노래하자구나.

감사해요

감사해요
찬양해요
사랑의 하나님

죄로 받을 형벌 깨우쳐 주시고
용서의 길 열어
니느웨 백성 안으신 하나님

죄 범한 우리에게
예수님 보내셔서
보혈의 피 흘려
우리 죄 사해 주셨어요

그 은혜,
그 사랑,
찬양해요
감사해요.

중국에서 안부

헤어짐은 만남의 시작이며
떠남은 그리움의 시작입니다

심양에 사뿐히 내렸다
다시 날개쳐 연길로
님의 뜻 실천하는 종들의 만남에
의의를 위한 핍박을 봅니다

주의 종이 복지관 관장으로 불리워지니
님만이 속가슴 알아주심 믿으며
구원 받은 가족들 더욱 보고 싶어
적은 날 헤어짐이
함께 했던 그 많은 날
감사하게 합니다

카타콤의 몸부림이 조용히 밀려옴을 느끼며
오늘도 기도하는 님의 백성 그리워
만날 날을 기다립니다
님의 뜻 안에서 항상 승리할 줄 믿으며
벙어리 가슴으로 문안 드립니다.

바람

이마에 구슬땀 씻어 준 너여
나무의 몸부림 만드는 너여
큰 물결 일렁여 파도 만들어
산호섬에 부딪히니
녹색 바다 하얀 색 띠가 되누나

바람 맞는 피조물 저마다 다른 반응 보이니
님 주신 성령 바람도
마찬가지겠구나

저 바다 돛단배
사랑하는 님 찾아 돛을 올리고
바람의 강도 따라
행복의 그 집으로 더 빨리 달리도록
아! 너여,
다정한 친구 바람아.

사이판 막 숙소에서 바다를 보면서

보이는 것 보면서

삼색의 바다 위에
이색의 하늘이여
파도 물 움직이니
구름도 덩달아 흘러가는구나

보이는 자연 무상의 변화
보이지 않는 인생의 마음
조석(朝夕)으로 변하고

한 줌의 흙으로 내려앉을 육제
저 하늘의 구름 위
아버지 예비하신 그 나라에
영생하러 좁은 길 통해 가려는구나

바다와 하늘의 보고에
수없는 신비의 섭리가 있는 것을
알 만한 이들은 알리라.

사이판에서

고향을 생각하며

설산의 해빙이
돌 개천을 노래하게 하고

개울가 버들 눈 뜨고
양지바른 산자락
진달래와 산철쭉 리본 달고

아스팔트 위에 아지랑이 피어오르고
개나리 길손에게 손짓하는데
정원의 목련은 힘없이 피고 있구나

삼천리 반도 금수강산
자태를 자랑하는 사계절의 물레는
쉼없이 돌고 있구나

아! 그리운 내고향
가고픈 내 고향

사이판의 충혼탑 위
한 마리의 비둘기는
고향을 향해 날고 싶어도

기력이 쇠하여
슬픔만 더하나
고향의 님의 종 통해 들은 말
아이들은 놀고 싶고
아버지는 울고 싶고
할아버지도 불안에 떨고 있는 경제위기 만났다니
백의 민족 저력을 발하여라

님이여!
이 사이판의 기도 용사늘의
기도 들으시고
우리 민족을 지키시어
이 한 몸
에스더처럼 애국하게 하옵소서.

만년설의 아름다움

검은 바위 기둥 삼아
만년을 견뎌오다
청록(青綠) 보석 고운 빛
속속히 품었구나

설산의 여름오면
형형의 모양 입고
바다로 뛰어드니
풍덩풍덩 비명 안고

아! 알래스카만 가진 美
대대에 보존되어라.

아침이슬

풀잎에 맺힌 이슬방울
아침의 햇살 비추니
영롱한 빛 반짝인다

갑자기 없어졌어요
풀잎이 먹었나요
태양이 가져갔나요

아침 안개 속에 피어나
그토록 빨리 가다니
빈가슴 서러움만 남기고
아름다운 빛 잔상 남기고
떠난 이들
당신은 필경
아침이슬이었어요.

풀잎 되어

푸른 목장 거닐며
어린양 돌보는 목자
저만치
보이는 바위에 앉아
풀피리 분다

삘릴리 삐리리
양들의 걸음 멈추게 한다

아! 님이여
온 몸 떨어 목동의 마음 전하는 풀잎

님의 입술에 풀잎 되어
아름다운 소리로
목장에 울려 퍼지게 하심이
어떠신가요.

낙엽지는 밤

낙엽이 자동차 바퀴 따라
쫓겨가는 초가을
적막이 흐르는 밤
왠지 허전해 멀리 훌쩍
떠나고 싶다

아무도 없는 곳
아무 생각도 없는 곳

사랑에 지치고
만남의 설레임
사라질까 하는 두려움
속속드리 사랑하지 못한
인생의 아픔

빈 가슴 허기진 영혼은
그이 만이 채울텐데

"내 영혼아 네가 어찌하여 낙망하며 어찌하여 내 속에서
불안하여 하는고 너는 하나님을 바라라 그 얼굴의 도우심
을 인하여 내가 오히려 찬송하리로다" (시42:5상)

난 태양을 보리라

20세, 청년교회

가난을 체험하고
슬픔을 함께 하는 이웃으로
영혼과 육체의 참된 안식을
준비해 온 교회가
20세의 청년으로 성장했습니다

하나님의 사랑 실천으로
사단법인 성민원을 탄생시켰고
쌍무지개 빛의 사랑이 실천되고
하나님 나라의 목적이 이끄는 교회로
온전히 허락되고
함께 선두로 나서는 교회가 되었습니다

이 행복한 대열에
천하보다 귀한 님들을
존경하는 마음으로
온 성도는 가슴 열어
맞이합니다.

' 98 입당예배를 드리며

거룩하게 피어나라

봄과 함께 피어난 젊음의 꽃들
주님께 드려진 거룩한 마음에 피는
찬양
제일학생회의 호흡이구나

새털처럼 많은 날 중
님 앞에 드리워진 축제의 잔치날
영원히 기억되어라
하늘에 닿도록, 님의 보좌 움직이도록
온 몸하고도 마음과 뜻 다해
피어나라

님의 마음에 합한 자 되어 어둠을 물리치고
빛의 능력으로 영원한 승리의 노래 부르라

천하보다 귀한 님의 사랑하는 이들아
나의 사랑하는 이들아
거룩하게 피어나라

탕자야 돌아와

사랑하기 때문에
기다리고

사랑하기 때문에
용서하고

사랑하기 때문에
잔치 배설하고

사랑하기 때문에
과거를 묻지 않고

배신한 아들
품에 안는
아버지의 큰사랑의 품으로
탕자야 돌아와

네 가슴에 아버지 사랑 심고
행복의 배 안에서 진리로 노 저어
세속의 물살 가르며
영생의 낙원으로 함께 가자구나.

누구를 생각하나

지구에 많은 사람
믿음의 대상?
아니요
사랑의 대상이네요

님의 보혈 통해 구원 받은 백성도
영락없는 사람이지요
사랑과 돌봄,
섬김의 대상만 될 뿐
믿음의 대상은 서로가 못되네요

장미가시같은 아픔의 과거
잊어버리고
백합처럼 고운 향기 풍기는
사랑했던 추억만 가질래요

사막의 밤에
님의 사랑 솟아 주어야
신령한 샘 되어 사랑 나무 꽃 피우고
생명을 살리게 될 거예요.

눈물

님의 날
모인 이들
예배당 가득하고
영혼의 찬양
입 모으니
천사의 노래구나

강단 옆
가운 입은 찬양대원
가지런히
마음 모으니
한 송이 백합화구나

조용한 기도
올리고나니
파마머리 현숙한 여인
누구의 아내인가, 누구의 엄마인가
아이라인 눈가에 방울방울 눈물
콧등사이 흐르니
예쁘다고 바른 화장
실개천 흔적 남겼구나

지옥에서 흘릴 눈물
이곳에 다 흘리고
고통속에 울 일들
이곳에서 다 울었구나

천국에서 활짝 웃을
웃음만 남았구나.

젊은이들아

님 사랑에 심취된 젊은이들
성령에 감동되었구나

감사로 부푼 가슴
님 향한 거룩한 찬양
어둠 속에 빛 되누나

세속에 붙잡힌 친구들 영혼구원 위해
님 보혈의 붉은 피 사랑 흘려 보내니

은쟁반의 금구슬처럼 깨끗하고
물댄 동산의 식물처럼 활기 있고
비온 뒤 무지개처럼 아름다워라

산본의 건아들아
안양의 숙녀들아
제일교회당 메운 젊은이들아
주님의 품 안에서 영원히 찬양하여라
승리의 노래에 가슴이 터지도록…

구원받은 인생

인생 행로
바람결에 낙엽 되어
허공을 떠돈다

한없이 후미진 곳에
생을 마감하는 육체지만
님이 살린 영혼만은
질그릇에 보화

그릇 수명 다하는 날
님 보낸 천사 손 잡고
새하늘과 새땅으로
진리 되신 님 길 따라
사뿐히 걸어간다

보이는 인생
허무하고 애달파도
숨겨진 영혼 세계
믿음의 눈 열게 되니

울고 있는 슬픔의 때

행진곡 발맞추어
승리자로 걸어감을
성령이 믿게 하니

적막한 밤에도
태양의 찬란한 무지개

가슴에 영롱한 빛
행복의 노래.

어쩌면 좋아요

세월에 밀려
벼랑에 머문 인생

천방지축 행함과
횡설수설 열린 입
뒤죽박죽 삶이어라

황혼의 빛 노년이 흑암에 삼키우고
행복한 가정 폭풍에 흔들리니

애태우던 자녀들도
불효 아닌 불효되고
치매의 공포에 불안한 장래
무엇으로 잠재우나

님 없이는 한 잎의 낙엽
강물에 떨어지니
돌 개천 여울에 몸둘 길 없어
울다 울다 지쳐서
잠이 드네요.

아버지의 아우성

누가 말하기를
중년의 남자는
물 묻은 낙엽이라는데
변화를 줄 수도,
새로운 것을 시작할 수도,
푸른 창공도 날 수 없는 신세니
주어진 일에만 죽자살자 붙어 있으면서
결혼 생활의 두 번째 라운드를 시작한단다

세속에 할키우고
김 빠진 사이다처럼
매력없는 몸과 맘
세상에 맛들린 아내,
세상에 빠진 자녀들의 등살에
신음하는 아버지의 아우성

노인들의 숲속에 앉아
아버지의 아우성을 듣는다.

눈에 보이나요

사랑하는 사람아!
님이 솟게 하는 생명수 물가의
영롱한 쌍무지개가 보이는가
칠흑빛 바다에
저만치 깜박이는 등대불이 보이는가

천지를 만드신 님의 능력이
모두에게 봄비처럼 임하는 것을
느끼고 있는가
한없이 부어 주신 님의 사랑이
봇물처럼 흘러 넘치고 있는가

사랑하는 사람아!
당신이 받은 복을 헤아려 보았는가
"유월절 전에 예수께서 자기가 세상을 떠나
아버지께로 돌아가실 때가 이른 줄 아시고
세상에 있는 자기 사람들을 사랑하시되
끝까지 사랑하시니라"(요13:1)

우리 영원한 보호자의 큰 사랑은
무엇과도 바꿀 수 없다는 것을 알고 있는가

이제
사랑을 입은 자답게
감사하며 당당하자
하나님의 자녀로 권세를 가지고 살아보자

어둠에 속한 자를 의식 말고
선한 님 앞에 기쁜 마음으로
힘바람 나는 삶을 살자

우리를 위해 흘리신
님의 보혈이 헛되지 않도록…

영혼의 영원이 없다면

사랑하는 사람아
영혼의 영원이 없다면
밀림을 떠도는 짐승보다
결코 행복함이 없겠구나

영혼 없는 짐승은
배부름으로 만족이 있으나
님의 형상된 사람은
배불러도 욕심 버리지 못하니
쉬지 않는 악을 행히는구나

사랑하는 사람아
영혼 십자가 구속의 죄값으로
살아났으니
자족으로 행복 움 틔우고
하얗게 빛바랜 잔디밭에 파란 싹 돋아나듯
속사람의 사랑을 움 틔워 보아라

먹고 사는 것이 인생의 전부라면
태양에 달구어진 바위 위에
배부른 사자의 잠자는 만족에는

미치지 못할 것이니
어찌 짐승보다 행복하다 하겠느냐

사랑하는 사람아
영혼의 영원을 알게 될 때
비로소
사람의 의미를 알게 되리라

영혼을 살리며 생로병사(生老病死)
필연적인 수렁에서 구원하는 님 향해
좁은 길로 조용히 걸어가자구나

"모든 눈물을 그 눈에서 씻기시매 다시
사망이 없고 애통하는 것이나 곡하는 것이나
아픈 것이 다시 있지 아니하리니
처음 것들이 다 지나갔음이어라"(계21:4)

인생아!

벌거벗고
빈손으로 온
인생아

무엇을 입고
무엇을 가지려나

울고 왔다
웃고 갈 줄 알았더냐

천상 천하 둘러보라
하나도 없다

하숙생 지상생활
본향을 생각하라

님의 사랑 보혈의 은혜
영생길 따라
천국에 가려느냐

받지 않은 것 없으니

주지 못할 것도 없다

주라
님에게 생명 드려
많은 열매
맺어 보려무나.

열매를 맺어보자

푸른 감나무잎
가을 낙엽 되어
뿌리를 덮으니
봄부터 준비한 빠알간 열매
가지마다 아름답고 꽃처럼 예쁘다

태양의 빛따라
달착지근한 맛 혀끝에 묻어 나니
작은 어린이도 하늘 쳐다보며
주먹손 만한 감열매를 졸라댄다

지난 봄, 여름
아무도 찾는 이 없더니
가을 열매 보고 많이도 찾아와
못살게 굴고 있다

저만치 홀로 선
앙상한 아카시아 나무
한 때는 향긋한 꽃향기에 끌려
하얀 꽃잎 손에 들고 코를 벌렁거리더니
모두 떠나 버리고

오늘은 감나무 밑에 모였다

바람 피리 횡횡 불며
긴 겨울, 찬바람 당당하게 마주 서
외로움 이겨낸 감나무
시원하게 잘생긴 것 없으나
빨간 주머니 하늘에 띄워 놓는 요술쟁이의 매력
아무도 흉내내지 못해
귀하고 아름답다

여보소,
님 앞에 은혜 입고 사랑 받던 이들이여
아무도 찾는 이 없어 외롭다지만
결국은 향기, 열매 없는 이유 아닌가

여보소
님 사랑하는 이들
한 해가 가기 전에…
사랑 받았으면 감사의 마음으로 님을 찬양하며
님 앞에 영광 돌림이 천국 시민의 참 열매가 아닌가?

아름다움은…

배움을 나누는 기쁨
함께 누리는 지식

너와 나의 작은 공간이
긴 세월 담구어 온 포도주련가

선이란 말 대신
감사란 말로 바꾸고
님따라 사는 생활
사랑스러운 죄인들
피멍는 가슴에 안으니

주는 사람 누림 되니
줄 대상 너는
나의 기쁨의 씨여라

선 따라 가는 길 아름다움은
영혼을 생각하는 마음뿐이어라.

친구야!

당신의 맑은 마음
함께 맑고 싶구나

당신의 밝은 마음으로
어둠을 이기고 싶구나

당신의 푸른 마음의 초장은
내 마음의 조용한 안식처

친구야!
맑음을 지키기 위해
님의 말씀 교훈 삼고

밝음을 지키기 위해
순종의 삶 생명 삼고

푸른 초원 지키기 위해
생명수 물댄 동산에서
영원을 노래하자구나.

새벽시간

어둠이 쫓겨가는 시간
희미한 가로등 밑
빽빽히 들어선 차 숲 따라
터벅터벅 예배당 돌계단
지하실로 간다

나라와 민족 위해 기도하는
선한 이들
낭낭한 음성, 부르짖음
긴 한숨은 애국애족(愛國愛族) 마음

작은 땅
이만큼 의식주 해결 되고
자유로운 삶 영위함
당신의 기도의 능력이요

이 한 날 기도실에 피어나는 보배
생명 잉태로 영원을 노래하는구나.

답사를 다녀와서

푸른 송(松)
바다바람 귀찮은 듯 머리흔들다
하얀 모래 조용히 발 묻는 곳
서해의 심장부 태안 경기대 수련장

밀고 당기는 파란 물 하얀 모래 입 맞추고
꿇어 앉은 검은 바위
택한 백성 기다린다

세속에 잡힌 맘
경쟁과 시기 포로 되어
단잠을 먹은 지 그 어느땐가
심장은 헐떡이고 육체는 헐어
아픔을 호소하는 님의 백성 부르는구나

아! 좋은 집 귀한 자녀
바다에 발 담그고
진리 받아 마음 채워 영생 행복 이루시고
무사무사(無事無事) 주인님의 은총 속에
빛소금 님의 사랑 어둠을 밝히소서.

감사예배

생로병사(生老病死)
짐 지고 가는 사람
빛 바랜 은빛 머리카락
바람에 흩날린다

검버섯 핀 얼굴의 주름 주름
고해(苦海)에 시달린 인생의 훈장

쓸쓸함에 탄식하던 긴 밤
지나니
찬란한 태양 떠오른다

군포제일교회 성도 믿음
복지새싹 자라난 지 어언 10년
이 만큼 자라
노인복지회관 품에 안으니
실버의 낙원이 되었구나

한 동안의 산고가 더없이 감사해
님 앞에 영광을 돌린다.

노인복지회관개관 1주년 감사예배

복지학교를 열면서

황혼의 빛 따라
한송이의 해바라기가 웃고 있다
겨울산의 하얀 머리
넘어 가는 저녁노을
가슴 적시는 서러움
허름한 옷깃 따라 흐르는 고뇌
삶의 애환이 핀
살구꽃 마을에

동녘의 태양 복지옷 입고
살며시 일어나는 지금
감사의 마음 가슴에 품고
정한 젊음에
피어나는 박애심
너의 생애 행복하여라

모인 님의 영혼에
낙원의 누림 있기를 빌며
고개숙여 감사하고
님에게 영광을 돌린다.

제1기 청소년복지학교를 열면서

故 김명옥 사모님 영전에

태양은 중천에 머물건만
빛 받을 땅은 사망에 덮였구나
사랑 심고 싶어 몸부림하지만
사랑을 심을 밭이 없구나
두 그루의 나무를 오가며
행복을 노래하고 싶지만
한 줌의 흙으로 돌아갔구나
산새들도 사랑 노래 잃어
슬픔에 잠겼구나

생명으로 사망 이기신 님
거룩한 보혈로 가신 이 영혼 살려
생명수 강물 흐르는 곳
영원한 안식 얻는구나

인간의 눈엔
여름 낙엽처럼 보여지나
살며시 믿음의 눈 열어 보니
빨간 열매들이 탐스럽게 열려
상 받으러 가시는구나

오, 주인이시여
애도하는 남편과 자녀의 눈가에
촉촉히 맺혀진 눈물을 받아
가신 이 영전에 추억과 보람,
아름다운 향기 되게 하소서
가신 이 영혼
아브라함의 품에서 행복 누리소서

님의 재림의 날
부활의 영광을 누리게 하옵소서
여기 故김명옥 사모의 마음과 청춘을 쏟은 곳에
복음으로 사랑으로 영생으로 타오르소서
눈물 없고 한숨 없는 그 좋은 나라에
행복으로 영생으로 피어나게 하소서
가신 님 남기고 간 믿음의 유산
가족과 성도의 맘속에 자리잡게 하소서
화평 안식 찬양이 있는 곳
님의 슬하에 상 받으소서

고해(苦海)의 노 저으며
오직 님만을 위해 복음을 전하다

당한 고통이 보람의 노래 되소서

잘 가시오 가난도 영원한 이별도 없는
그 곳에 영원히 누리소서.

믿음 안에 가신 이

추석 명절날
경숙이의 부친이
연세의료원에서
55세로 부름을 받았다는 소식

믿음 안에 사신 분이라
영전에
가지런히 펼쳐 놓은 성경책,
하얀 국화꽃
은은히 울려 퍼지는 찬송가

가신 분의 영혼
천사의 손에 받들려
님의 나라 새 예루살렘에
가셨겠지

남편을 먼저 보낸
경숙이 엄마의 아쉬운 마음이
빨간 눈가에 이슬로 맺혀
양볼에 흐른다

사별(死別)을 막을 길 없는 인생
그 나라의 만남을 소망하며
날 빛보다 더 밝은 천국을 노래하며
위로 받는다

아! 예수님 안에서
가시는 이의 모습
이토록 아름다운 것을
믿는 자만 알리라.

가는 이의 뒷모습을 보며

양의 문으로 들어가
고매한 영혼을 만났습니다
피어나는 사랑으로
열매 맺는 아름다운 사랑을 보았습니다

혈육으로 표현할 수도 없는
신비한 사랑을 하였습니다
생명이 다하는 날 되어도
변함없는 영원한 사랑을 하였습니다
님의 제단에 하나 남김없이 바쳐지는
거룩한 사랑을 하였습니다
님의 나라 가야 할 때도
함께 예배드리고자 하는 사랑을 하였습니다

어둠 속에서도 좁은 길 영생의 오솔길 찾아
모두의 슬픔을 아름 안고
백프로가 아닌 순종은 순종이 아니란 명언을 남기고
그토록 사랑했던 남편과 자녀 교우들 남기고
43세로 하나님의 나라에 갔습니다
면류관 받으러 갔습니다

이별은 만남을 기다리는 시작이요
만남은 이별의 시작임을 알아
님의 품안에서 다정히 손잡고
환한 웃음 만날 때 기다립니다

믿음의 조상 아브라함 만나고
그의 품에서 사랑받는 나사로를 보았을 것입니다
님의 나라에서 누리는 황홀경을 체험할 것입니다

아,
세속의 눈엔 여름낙엽처럼 보여지나
신령한 눈 열어 보니
한 송이의 백합화로 거룩하게 피어났습니다
한 송이의 백합화로 곱게 곱게 피어났습니다
가는 이의 뒷모습이….

이성자집사 소천 후

사랑하는 자야

사랑하는 자야
흙으로 가는 길 멀고 험하나
천국으로 가는길
십자가의 길이다

씨앗이 육신 녹여 새싹 움 틔우듯
세월과 님 사랑이
아름다운 영혼 생명
성숙되게 키웠구나

친구야!
헤어짐의 아픔대신
그 나라의 만남 품고
조용한 사랑의 품에서
행복을 노래하자구나

님의 보혈의 능력이
사투의 산 넘어
낙원의 빛
영원히 누리어라.

박희장 집사 소천 후

99 제직세미나를 시작하며

님의 사랑 온 몸에 흘러
사망병 죄 씻은 이들
세속의 사슬 벗고
님의 품 양 되었구나

빈들의 마른 풀
시들고 지친 곳
단비 흘러
생명을 약동시키는구나

박토가 옥토되고
미움이 사랑되는 곳
속가슴 활짝 열어
진리를 영접하자구나

감사의 빛 마음
사랑하는 당신
맑은 시선의 안식처 누리도록
서로의 호수에 정담을 띄우고
님 앞에 사랑받는 제직이 되어보자구나.

축시

지난날 만큼 많은 시련
짓눌린 피곤
얼굴의 주름 주름
장애로 뭉쳐진 몸과 맘
시원케 풀어낼 신음과 한이
춤과 노래로 승화된다

어른은 웃지 않는 듯 비쳐진
비뚤어진 양반동리
가슴을 태우다
살구꽃 피는 마을의 축제
인생의 본능 채워주니
고마운 마음에 고개 조아리고

찾아온 이들에게
손 모우며
문화축제를 후원하고 참여하신 이들에게
조물주의 은총이 있기를…

제1회 군포시 노인문화축제를 열면서

난 태양을 보리라

권태진 목회시선 · 3

난 태양을 보리라

지은이	권태진
펴낸곳	도서출판 섬빛
등록번호	제 96-21호
주소	경기도 군포시 금정동 870-10호
전화	(0343)397-6754~5
팩시밀리	(0343)397-9241
1쇄 펴낸날	2000년 4 월 23 일
2쇄 펴낸날	2000년 6 월 10 일

값   5,000 원

• ISBN 89-87187-08-X03230